JN409449

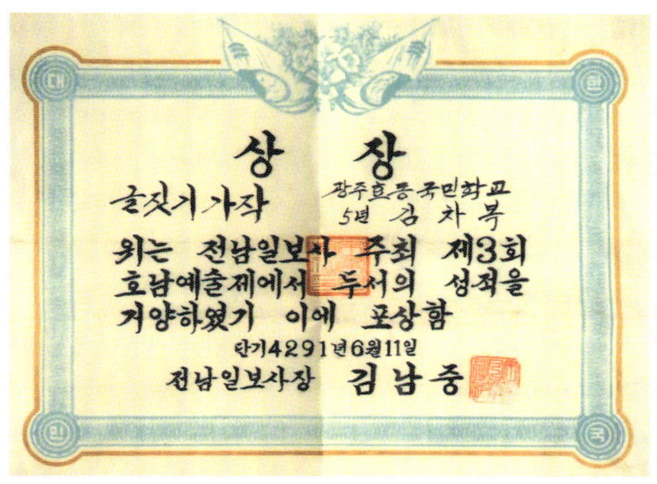

대 한 민 국

상 장

글짓기 가작 광주효동국민학교 5년 김차복

위는 전남일보사 주최 제3회 호남예술제에서 두서의 성적을 거양하였기 이에 포상함

단기4291년6월11일

전남일보사장 김남중

호남예술제 글짓기대회에서 입상하고(1958년)

光州 文園크럽(문학동인회) 시절(1963년)

중앙일보 문화센터 시조강좌를 수료하고(1981년)

호주 시드니에서의 한때(1997년)

부챗살을 펴들다

부챗살을 펴들다

초판 인쇄 2013년 2월 25일
초판 발행 2013년 2월 28일

지은이 김차복 **펴낸이** 임수홍
편집 맹신형 **디자인** 최정숙

발행처 도서출판 국보
주소 서울시 강동구 길동 395-3 2층
전화 02-476-2757~8, 7260 **FAX** 02-476-2759
카페 http://cafe.daum.net/lsh19577
E-mail kbmh11@hanmail.net

값 9,000원

ISBN 978-89-93533-46-0

光州에서 태어나 한국방송통신대학교 초등교육학과와 국어국문학과를 졸업하고 한양대학교행정대학원을 졸업(M.A)하였다.

정보통신부와 SK Telecom에서 근무하였다.

1981년 중앙일보사문화센터 제1기 시조강좌(지도 정완영, 이태극 박사)를 수료하고 시조를 계속 써 왔으며, 1982년 제2회 中央時調白日場에서 入賞(次上), 1983년 한국방송통신대학보사 제7회 放通文學賞 시조당선(選 황동규), 1984년 郵政100년 및 「체신」誌齡300호기념 문예작품현상공모에서 시조가 당선되었다.

1989년「시조문학」초회 추천 1991년 추천이 완료되어 문단에 등단하였으며 한국문인협회, 한국시조시인협회, 전라시조문학회 회원으로 활동하고 있다.

시집으로는「일어서는 초록」(1997년, 동학사 刊)이 있다

自序

野生花 묶음을 내 놓으며

"젊은 사람은 뒤에 서고 연세 드신 분들은 앞줄로 나오세요." 라는 말에 나는 맨 뒷줄에 서서 중앙일보 문화센터 제1기 시조강좌 수료식 기념사진을 찍었다. 그로부터 32년, 어언 나도 그날 앞줄에 서 계시던 분들의 나이에 들었다. 시조사랑, 시조에 대한 熱情으로 지나 온 세월에 비해 내가 거둔 수확은 내 놓을게 없는 열매들뿐이다.

시조단의 末席에서 시조집을 내는 일이 얼마나 큰 용기를 필요로 하는 것인가? 첫 시집을 낸지 16년, 한 편의 시를 빚어내면서 艱難의 産苦를 겪어내며 딴에는 文士인채 한 적도 있었다. 그러나 작품다운 작품을 내놓지도 못하고 손은 게으르고 보는 눈은 높아져 먼 산만을 바라보며 그렇게 세월이 흘러갔다. 이대로 마침표를 찍기에는 너무나 아쉬워서 그 동안 발표했던 작품들을 모아 보았더니 하나같이 情이 가는 작품들이다.

'그렇구나, 내 魂과 靈이 담긴 작품들이 나와 함께 있었구나.'

장미나 백합 같은 향기롭고 화려한 꽃이 아니라 野生花같은 내 작품들을 나는 사랑할 수밖에 없다. 이걸 작품이라고 썼나. 참으로 낯 뜨겁고 부끄럽기 이를 데 없지만 그러나 어떡하랴. 두레박의 줄이 짧아 우물에 내려 샘물을 길어 올릴 수 없는 이 賤學을 탓할 수 밖에...

한 다발 野生花 묶음을 여기 내 놓으며 향내를 맡아본다.

2013년 2월

김 차 복

| 1장 | 5월에

| 2장 | 마중

| 3장 | 나이에 대하여

| 4장 | 그자리

| 1장 | 5월에

고만 고만한 능선들이 들길로 내려와서
더러는 주저앉고 가다가는 풀 물들어
한나절 일손을 놓고 둠벙에 뛰어들다.

5월에

고만 고만한 능선들이 들길로 내려와서
더러는 주저앉고 가다가는 풀 물들어
한나절 일손을 놓고 둠벙에 뛰어들다.

곡선이 끝나가는 마을입구 우체통에
부화한 햇살들이 무늬져 빗기면서
사립문 열린 집마다 백일홍을 피웁니다.

민들레 홀씨되어

내 머물던 탯자리 떠나면서 잊었어
얼어붙은 겨울 강을 거룻배로 건너와서
피어난 꽃잎 사이로 봄날을 펼쳐 보인다.

달빛이 남겨놓은 언약의 말 한마디
눈물을 애써 지우며 성숙을 알았노니
첫 정情을 길어 올리며 오늘을 비워보네.

뻐꾸기 울음소리에 흔들리는 둥지여
돌아서는 네 모습에 연소하는 사랑아
허공 속 기나긴 다리 홀씨되어 건너다.

목련 앞에서

꽃으로 피어나는
이아침 환희歡喜여

치마 폭 걷어 올려
버선발을 옮기면서

심봉사
눈 뜨는 장면을
재연再演하고 있구나.

간밤에 무슨 일이
있었는지 말해보라

뚝 뚝 떨어져 내린
꽃잎들의 내력이

첫 사랑
그렇게 지면
철이든다 하였던가.

목련 아래

꽃 대궁 자라 올라 눈뜨자 벙그는데
벗어든 스카프를 흔들며 흔들면서
풀어진 저고리 섶을 여밀 줄을 몰라라.

내 안에 감추어진 소롯길을 걸어와서
그 날 밤 언약들을 반쯤 열어 보이는데
둘러선 일곱 난장이 백설 공주 깨우다.

흰 꽃잎

목련은 하오를
기다리지 않았다

목에 건 스카프를
하늘 닿게 밀어 올려

박혀진 옹이들마저
눈을 뜨고 일어났다.

지나는 이승의
업보業報를 헤아리며

깊어진 갈증으로
손 끝마다 시름인데

흰 꽃잎 고운 이름이
뽀얗게 피어난다.

개나리꽃

그렇게 피어날 걸
정녕 모른다 했나

토라져 돌아서서
뒤돌아 다시 보는

쓰다 만
연서戀書가 접혀 노랗게 피어난다.

꽃이 지며

닿을 듯 멀어져 간
하오의 해 그림자

지는 꽃잎 따라서며
봄날에 금을 긋다

꽃이여
철따라 피어나
무궁無窮에 잇대어라.

녹음 사이로

언제였나 눈 떠보니
멍울진 진초록에

울컥 토해 낸
잎새 하나 얹어두고

북 장단
치고 나오는
저 빛들의 마당놀이.

네 잎 크로버

피어난 흰 꽃들은 토끼풀로 불리면서
잔디밭 더부살이 잡초로 살아오다
숨었던 네 잎 크로버 행운에 손 잡히다.

옥수수 밭에서 I

꽃술 단 상투 끝에
풍뎅이가 날아들고

흔들리는 잎새 아래
그림자도 비껴서서

젊은 날
기른 수염에
짐작 못할 나이여.

옥수수 밭에서 Ⅱ

나면서부터 길렀던 수염이었다.
날이 가면 검어지는 그 끝이 간지로워
풍뎅이 날개 짓에도 내외하는 저 선비는

껍질을 벗기면서 타는 부끄러움이여
갓 끈을 풀어놓고 적삼마저 걷어 올려
속 깊은 종가 며느리 모듬발로 지나간다.

느티나무 그늘아래

하늘을 들어올려
산자락을 적시면서

한 낮의 햇살들을
가지가지 엮어내며

땅을 뼘으로 재며
네 것이라 이른다.

나이테 감길수록
채하는 잘난 버릇

느티나무 그늘아래
내놓아 보였더니

구름이 해를 가리며
멀었다며 가잔다.

가을 오다

가지 끝 잡고 있던
뙤약볕 물러간 뒤

저 혼자 익어가던
밤송이 반쯤 벌어

가까이
더 가까이 온
가을을 만져본다.

낙일落日

새들이 날아간 뒤 우수수 지는 잎새

새 순 내어 뻗어가던
푸르렀던 날이 있어

바람이
내어준 길을
못 미더워 하는구나.

낙엽을 보며 I

고열로 헛소리 하며
밤새 앓던 잎새들이

아침 햇살 받더니만
뒤척이며 뒹굴면서

시말서 써들고 와서
접어줄 수 없겠냔다.

가는 날은 가더라도
오는 날이 더 무거워

이대로 날리는 낙엽
무슨 말로 달랠 거냐

월세를 물리더라도
가는 너를 말리리라.

낙엽을 보며 Ⅱ

젊은 날은 녹색의 윤기로 빛났었지
때로는 태양 볕에 온 몸을 맡기다가
긴 여름 소나기에는 떨며 그를 맞았다.

이제는 생의 여정 여기서 마치련다
내 몸에 색색의 색동옷을 입혀다오
그마저 마다한다면 저 대지에 묻히련다.

낙엽을 보며 Ⅲ

갈색도 날 저물면
결을 이뤄 저어가고

바람에 몰려가는
셀 수 없는 군상들이

지평地平에 금을 그으며
발자국을 남긴다.

간다하면 갈 데까지
내버려 둘 일이다

저 혼자 가다가도
돌아온 잎새들은

사흘을 기다리다가
관목 숲을 지났다.

11월

어둠에 묻힌 산촌
낙엽만 흩날려라

10월 상달 지나면서
여위어 간 내력은

숨 가삐 달려온 한 해
쉬어가면 어쩔 건가

동백冬柏

그 언제 피었었나 수줍어서 떨군 꽃잎
안으로 접힌 정한情恨 옷고름에 말아 쥐고
저 혼자 떨어진 꽃잎 노을빛에 더 붉어라

꽃 진 자리 올려보니 핀 흔적 안 보여
소리 없이 피어나 뚝 떨어진 동백꽃아
뜨거운 사랑노래에 심지마저 타 버렸나.

겨울나무

지난 날 푸르렀던
그 시절은 잊는 거야

보내고 맞는 날이
까마득 멀어져 가

바람 찬
저물녘이면
나이테를 그어본다.

낮게 날던 박새가
잠시 머문 가지 끝에

눈 뜨던 겨울눈이
반 쯤 팔을 벌리며

이 겨울
인연의 끈에
매달린 연을 잡다.

| 2장 | 마중

이맘때 쯤 너는
버스에서 내렸지

밤 깊어 불 꺼지고
인적 드문 정류장에

마중

이맘 때 쯤 너는
버스에서 내렸지

밤 깊어 불 꺼지고
인적 드문 정류장에

더 해진
기다림으로 타 들어간 램프심지.

황태에게

푸른 물살 가르던 네가 아니더냐

진부령 덕장에서
설한풍 부딪치다가

이승을
하직하면서
연치年齒대로 맞는 태장笞杖

그 바위

그날 그 바위는 거멓게 그을리고
계절이 쥐여 쥔 바람마저 놔 버린 채
쩍 금간
틈새 사이로 산통産痛이 오고 있다.

신호등

긴 초침 헤아리며 기다림을 배우노니

빨간불이 녹색으로 바뀌면서 손짓하며

흩뿌린 불빛을 잡고 애증愛憎의 고리 풀다.

계단을 오르며

되짚어 간다해도
못 닿을 내리막길
짚신에 감발하고
절며 절며 걸어왔네
구멍 난
내 생의 짐을
여기 잠시 내려놓다.

명일역* 부근

종점이 가까워서 서 있어도 그저 좋은
명일원明逸院 마구간이 여기쯤 된다던가
마패를 꺼내 들고서 집표기를 때린다

불 꺼진 양로원에 문이 닫힐 즈음이면
공항을 지나온 전철 막차로 달려와서
잊혀진 선사유적지 부싯돌을 긋는다.

*명일역 : 서울도시철도 5호선(방화-상일)에 있는 역
고려성종11년(994년)공무로 출장 중인 관리의
숙박소인 명일원明逸院을 둔데서 유래함

부채를 펼쳐들고

먹물로 그어 올린 대나무 마디마디
부채살 사이마다 잎으로 솟아나서
흔들면 대숲 바람이 이마부터 지난다.

해질녘 툇마루에 햇살이 비켜서서
부채끝 쫙 펴면 저 하늘 가린다며
내 생각 반으로 접어 바람으로 날린다.

숲 · 풍경

더위에 젖은 그늘
흔들리는 정오여

나뭇가지 사이로
흐르는 햇살들아

염천炎天에
목 타는 잎새
부챗살을 펴들다.

헌 구두

신발장 아래 칸에
유폐幽閉된 헌 구두여

닳아 터진 뒷축에
걸어온 길 내장內藏되어

말 말아
그 험한 세월
더 일러 무엇하리.

검정 고무신

온 몸이 본시 검어 가리는 게 없더니

그날 받은 멸시가 뻘이 되어 굳어갔다

아무나 발을 넣으면 가자는데 갔었지

타고난 천한 신분 누구 탓도 아니어서

엎드려 아뢰기를 불러만 달랬더니

오늘은 민속박물관 진열장에 좌정坐定하다.

그믐날

동서東西가 하도 멀어
노 저어 건너왔네

고단한 하루해를
산마루에 걸어두고

그믐날
달을 넘는 달 치맛자락 밟힐라.

우수雨水를 지나며

여물 씹던 어미 소 먼 산 쳐다보며

송아지적 보았던 그 구름이 아니야

안개비 그친 골짜기 등고선이 꿈틀한다.

폐 타이어

나, 이제 그만 일손을 놓을란다.

뙤약볕 아래 맨 몸으로 항변하다

구르고 달려 온 날들 금이 없는 윤회여.

신新 개발지

아이는 개천 따라 대처로 흘러가고
등굽은 소나무가 선산을 굽어보며
개발지 흰 표시판이 무슨 뜻이냐 묻는다

새들은 모여앉아 못난 자손 탓하는데
황토밭 이랑마다 노란딱지 붙여지고
송전탑 그 너머까지 뽑힌다는 소문이…

샘터에서

그대 목마름에 조롱박 띄우면서
내 생각 아지랑이 그 너머 피어올라
먼 산에 점점이 박혀 기원起源을 적어가다.

천수답

비가와도 가물어도 물꼬를 내지 않고
비바람 햇빛만으로 올벼가 익어가는
그 순종順從 들풀로 뻗어 산 그리메 그리다.

추분 무렵 I

세상이 어지러워 시절마저 변하였나
지는 해 늘여 잡고 채색하는 노을이여
또 한번 수레바퀴에 나이테를 감아본다

석탑이 하는 말을 뒤에서 엿들으니
지난 여름 복 더위에 훌랑 벗고 나다녔데
물안개 짙어진 골에 감추어진 나신裸身들아.

추분 무렵 Ⅱ

맷돌을 돌리면서
자전하는 지구를 본다

돌다가 멈춰서면
그 무게로 나를 눌러

자오선
금 그어놓고
뼘으로 재어 보란다.

가을, 바람 따라

선線이 무거워서
손 놓고 내려앉아

만만한 잎새들이나
만지작거리면서

야산은 목 놓아 울어도
백두대간에 못 끼네.

여름 한 철 푸르러서
그늘도 마다더니

안개 낀 골짜기에
가마솥이 절절 끓어

바람아 너 언제부터
주홍치마 폭에 드니.

곡哭

– 아프간 소녀의 죽음

슬프다 아프간 소녀여!
전쟁의 잿더미에 묻힌

검은 눈 검은 얼굴
그렇게 잠들었구나

살다 만
네 짧은 생애
이승을 건너갔다.

기근에 남루까지
갈라진 손등하며

수의壽衣 삼은 천조각으로
작은 몸 가리나니

닫혀진
망막에 내린
천국이여 열리어라.

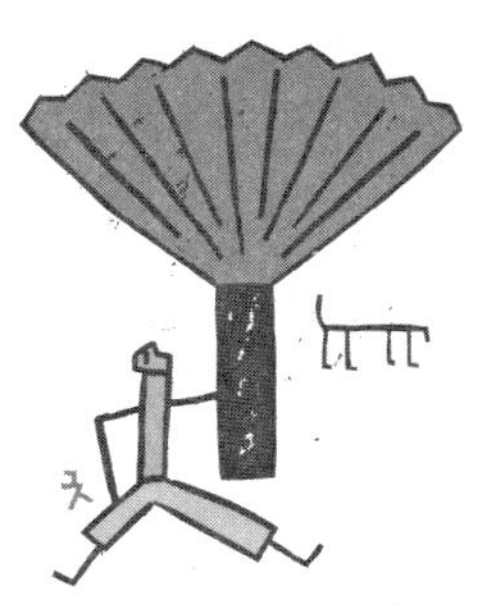

| 3장 | 나이에 대하여

땀 흘린 사람에게는 나이가 없다
어릴 적 비춰본 이발소 체경에는
저 뒤로
순서가 밀린 더벅머리 소년이 있다.

나이에 대하여

땀 흘린 사람에게는 나이가 없다
어릴 적 비춰본 이발소 체경體鏡에는
저 뒤로
순서가 밀린 더벅머리 소년이 있다.

아직도 풀지 못한 삼각함수 있었나
나이는 묵힐수록 발효醱酵되지 않는 것
새치는
먼 순항 길에 열병閱兵하듯 일어서다.

말라야한다면

– 멸치

우리는 이래 뵈도 뼈대 있는 가문이야

대오隊伍를 이루면서 해협을 건널 때면

고래 떼 지나는 길도 두렵지가 않았다

운수가 사나와서 어쩌다 걸린 그물

가슴 치며 자책하며 자결을 생각했다

기어이 말라야 한다면 내장內臟부터 발라내라.

하지 날

웃자란 옥수수대에
풍뎅이가 날아들고

정오가 지나면서
그림자도 비껴가고

젊은 날 기른 수염에
짐작 못할 나이여!

감꽃을 주우며

새벽녘 어스름에
감꽃을 줍는다

노란 꽃에 물든 내력
무명실로 꿰어내어

지난 밤
신열을 앓던 끝가지에 걸어두다.

오후 한때

다 벗어 막 구워낸
항아리 아귀 둘레

눈 끝을 적셔오는
노을이 묻어나서

낮아진
음계音階를 밟고
흔들리는 업보여!

편지

내어 밀면 손 닿을 듯
그러나 먼 병영兵營

흘린 땀 네 덕으로
우리가 쉬 잔다며

깊은 정
봉투에 담아 우표 없어 보냈다.

신병훈련 마치면
이등병 단다더니

달포를 기다려도
기별 없어 또 쓰고

그 흔한
작대기 하나 진주보다 귀해라.

봄과 여름 사이

떨어진 잎새 위로
그늘이 내려앉고

햇살은 눈부시게
하오를 닦아내다

윤삼월
꼬리 긴 해에
금이 가는 저 바위

떠나는 기차

– 하역부에게

시말서 한 장으로
쫓겨 난 하역부는

오늘도 서울역에서
떠나는 기차를 본다

선로여
만나지 못할
그 끝없는 평행선이여.

입영열차에서

이별로 가는 길에 기적이 따라왔다
침묵이 가라앉아 굳어가고 있었다
긴 터널 지날 때에는 가만 손을 잡았다.

철모에 군화발에 열 오른 군가하며
산골마을 연기 같은 훈련소 취침나팔
나방이 고치를 깨듯 다시 태어나는 거다.

거울 앞에서

너를 보면 이때쯤 그을렸던 빈 가슴이
층을 이뤄 켜켜이 벗겨지며 떨어지며
곰삭인 근심 하나를 먹물처럼 떨군다.

구름 끼어 흐린 창은 또 다른 나를 보고
저 편 창은 닫기었네 손 저어 보내어도
붙박힌 이승의 숨결 귀를 여니 닫기우네.

다시 거울 앞에서

압화되어
바래어진
주름 끝
흔들림에

저 만치
멈추어 선
젖어든
생의 자락

끊어진
실금 사이로
하강하는
하얀 포자胞子.

그리운 것은

– 아우에게

살아서 못 누리던
안락을 즐기는가

밤을 낮 삼아 내달리던 너가 아니냐

빈 둥지
달빛 들 때에
해 가는 줄 알겠네.

엽서를 보내며

빛바랜 흑백사진 속 옛 정이 그리워서
엽서에 이름 적고 주소 몰라 멈칫 서다
어릴 적
그림자 따라 저음으로 내려앉는…

부재중 전화란에 떠 있는 숫자들을
명멸하는 불빛 속에 하나 둘 비춰보다
이불깃
끌어당기며 기적소리 듣는다.

찻잔을 놓고

닫아둔 다향茶香을
한올 한올 풀어내니

하동 땅 그 먼 기억
눌리어 접혀와서

얼었던
감발을 풀듯
묵은 찻잎 우려내다.

요窯 앞에서

다 빚어 갓 구워낸
항아리 아구 둘레

남아있는 온기 아래
노을이 다달아서

잊혀진 이름마다에
유황빛을 쏘았다.

검버섯

꿈꾸었던 유년을 펼치어 과녁 삼아
내 힘껏 당기었던 시위를 놓았더니
검버섯 피어난 이마 가는 날을 일러주다.

왜가리 날다

길 떠난 왜가리는 갈 곳 없어 서성이다
발열發熱로 들여다 본 주둥이는 헐어있었다
외발로 비춰본 무논 물도 말라 있었다.

금이 간 흙벽에선 모래시계 내려오고
연줄을 풀어 내린 자새질은 멈췄는데
고요의 끄트머리가 꽁지 끝을 흔든다.

지난 해 발 디뎠던 서식지는 어디인가
빛바랜 '대동지지大東地志' 점점을 짚어가며
눈 여겨 보아둔 지평 그 자락을 펼쳐라.

그 세상은

아우가 잠들어 누운
용인 땅 공원묘지

묘비에 뿌린 눈물
정情이여 회한悔恨이여

그대가
꿈 꾼 세상은
꽃과 같은 것일세.

판자촌

아침까지 울다가는
벚꽃나무 저 편으로

하늘 가린 판자지붕
문을 열고 맞으면

어쩌다 잘못 찾아든
풍뎅이만 극성이다.

침묵

– 석창우* 드로잉 전을 보고

고단한 생의 자락 먹물에 적시어서
점찍어 흘린 자국 날개 돋아 새가되어
낙관落款도 일어서누나 날아가고 싶구나.

뒤엉킨 실타래를 불 지펴 풀어내려
닫아 건 대문살에 동그란 걸쇠들이
의수義手로 휘갈긴 흑색 다 타 버린 수심愁心인가

내가 너를 잡고 밀어주니 끄는구나
자리를 낮추어도 왜 이리 뜨거운지
석창우 드로잉전展은 옹이 박힌 청송일레.

*석창우 : 장애인 서예가

| 4장 | 그 자리

햇볕 들어 환한 자리
머물러 길을 묻고

장마 길어 깊게 패인
처마 끝 낙숫자리

그 자리

햇볕 들어 환한 자리
머물러 길을 묻고

장마 길어 깊게 패인
처마 끝 낙숫落水자리

그 터에
고인 빗물이
이 땅에 길을 내다.

나목裸木에게

잎새는 물이 들어
저 갈 데로 날아갔고

키 작은 바람이 와
술래잡기 하자는데

적막을
흔드는 가지
겨울눈을 떠 보라.

만월滿月에서 보니

오늘을 기다린지 몇몇 날이었나

하늘자락 젖히고 들여다 본 침실에는

만삭의 몸 가누지 못해 치마끈을 풀었네.

여린 손을 닿으면 저려오는 빗살무늬

점점이 흩뿌리는 은빛가루 말아들고

정화수 떠놓고 빌던 장독대도 둥글더라.

바다에 떠서

파도는 저음으로 수평선을 튕겨내고
갈매기 날개저어 저녁놀을 펴 보이며
하늘 끝 맞닿은 저기 이승의 끝이란다.

독도

억새 산조풀 큰두리꽃 피어나고
슴새 바다제비 괭이갈매기 날아오른
울릉도 동남쪽 저 편 동해를 연 섬이여.

경상북도 울릉군 울릉읍 독도리 산 번지
이 섬을 우표*에 담아 일본열도에 날렸더니
소인은 섬 아래 찍혀 겉봉투만 돌아왔다.

*우리 정부는 1954.9.15. 독도를 넣은 우표 3종(2환, 5환,10환)을 발행하여 온 세계에 독도가 우리 땅임을 알렸다.

게시판

파출소앞 게시판이 손짓해 다가서니
집 나간 딸을 찾는 전단傳單이 붙어있다.
열일곱 댕기 딴 나이 친구 따라 갔단다.

그 누가 네 손을 잡아 집까지 동행하랴
어디에 자리하고 끼니는 때우는지
타 버린 아비울음이 탄피처럼 떨어진다.

전화벨만 울리어도 너 음성 같아라
어디라 일러주면 견인차를 보내주마
넋 빠진 세상을 향해 네 이름을 날린다.

판자촌 그 후

철거민이 모여 살던 판자촌이 개발된데

그 모두 떠난 공터에 외제상가 들어선데. 날 지난 계고장戒告狀이 바람에 나부끼는, 특별시 시유지에 한 채 남은 판자집 그 무슨 사연인지 물어 볼 짬도 없고

이 밤도 잠이 들었나 들여다 볼 문도 없어...

안개주의보

따라온 내 그림자 머무르게 하고서
오늘은 오늘로서 서 있게 하라
소매 끝 들추어 보면 한 뼘 공간인 것을

어디서부터인지 시작도 모르면서
한지를 사이에 두고 번져가는 먹물을
전생에 죄 없는 이만 저를 볼 수 있다던가.

항아리 곁에서

원래는 아니었다
이렇게 둥근 아구

튀는 허리 배불뚝이
불쑥 내민 주둥아리

뚫린 입 제멋이라고
이렇게도 열어놨나.

콧등에 내려앉은
실낱같은 잠자리가

힘겹게 날갯짓하며
부끄러운 그 뱃심을

하늘로 끌어올리며
땀을 씻고 있구나.

동짓달 그 하루

가로수 두 팔 벌려 길을 내고 내를 열어
이 계절 어김없이 풍경들을 갈아 끼워
화들짝 놀라 깨어나 달아나는 저 잎들.

가다가 멈춰 서서 길을 묻는 나그네여
물들어 떨어지는 갈잎 따라 혼자가라
노을빛 차츰 지우며 산마루에 걸려있다.

촛농은 촛농으로 잔명殘命을 일러주고
한지에 베어나는 묵향墨香의 언저리에
샘물이 끓던 주전자 다향茶香을 펴 올리다.

송덕비 앞에서

백년 후 후손되어 그대 앞에 기대서서
마모磨耗된 글자들을 흔적으로 읽어내다
이 고을 백성의 소리 환청으로 받는다.

이끼 끼어 더욱 푸른 골을 따라 내려와서
궁휼함은 밤을 밝혀 대대로 새벽 열어
그 날에 베푼 선정善政을 가락으로 읊는다.

겨울 산을 보며

빈 가지 흔들리면
등고선이 비껴가고

골 깊은 계곡 따라
올라 선 바위들아

지난 해 못다 푼 끈을
그 무게에 달았나.

뒤척이던 가랑잎들
휘리릭 일어나서

잠시 잠깐 잊었던
그 땅으로 가야 한다며

배내옷 말아 쥔 채로
실개천을 건너갔다.

그늘진 산비탈에
맥을 놓은 나무등걸

손끝에 남아있는
그 한 낱 미물이여

닿으면 쪽 날 것 같은
하늘자락 적신다.

하늘목*

산은 내려오고 고갯길은 바뀌어도

흘렀던 눈물자국 아직도 마르지 않아

어머니 이고 진 짐을 하늘 목에 두었습니다.

5색빛 꿈이랑을 골골마다 풀어놓고

돌아보면 아스라한 하늘목 저 편으로

흘러간 어머니 정이 바위처럼 지킵니다.

새벽종 치던 소년은 어언 장년이 되어

저 천국 백성이 된 어머니를 못 잊어서

사랑아 외쳐 부르면 하늘에 닿습니다.

*하늘목 : 경상북도 영양군에 있는 고개

도드람산*

주먹 쥐어 산정을 치고
등고선을 덧칠해도

내가 써낸 절교장은
펼쳐질 줄 몰라라

점점이 찍어 흩뿌린
먹물 같은 입석들…

뻗어 내린 산맥은
예서 그만 돌아서고

영보사永寶寺** 저녁종에
밤이슬이 젖어들어

받아든 손수건에는
풀꽃 한 잎 접혔다.

천년을 버티다가
벌어진 바위 틈새

그 사이 비집고 선
울울한 소나무여

도들암 벽에 기대어
별 바래어 미륵일세.

*도드람산 : 경기도 이천에 있는 산. 해발 349m. 일명 저명산猪鳴山, 돋을암산
**도드람산에 있는 절

군포軍浦에 와서

수원행 전철이 덜커덩 흔들리니
미분양 아파트 벽에 내걸린 현수막이
펼쳐진 깃발이 되어 와서 살라 이르네.

임진왜란 나던 해 쫓기던 관군官軍들이 승병僧兵들과
손잡고 다리 쉬엄 할 적에 이 고을 아녀자들이 밥과
국을 내었다지. 배부른 우리 군사 왜병倭兵을 무찌르
고 창검을 높이 들어 승전가를 부르던 곳. 후손들이
이를 기려 군포軍飽라 이름했네.

산허리 잘라내고 고샅길을 포장하고
마작놀이 하듯이 성냥갑 촌 세워가며
처마 끝 높이는 이여 군포 읍을 굽어보라.

옥계폭포玉溪瀑布*에서

음폭陰瀑으로 그린 비경 속계俗界인가 선계仙界인가
무지갯빛 물보라에 여심의 기운 서려
팔 벌려
안아 본 탄성 소沼에 고여 더 푸르다.

난계선생 피리소리 한 오백년 내려와서
끊길 듯 이어지는 비단 폭에 휘감기니
저절로
신선이 되어 그 비경에 잠기더라.

*옥계폭포 : 양폭陽瀑이 아닌 음폭陰瀑으로서 충북 영동에 있는 폭포

청령포에 와서

열일곱 어린 임금
단종이 거처하시던

어소御所는 복위復位 후에도
담으로 막아서누나

육백년
조선 사직이
현판 위에 걸려있다.

쪽배로 강을 건너
짐을 푼 온돌방에

안으로 잠긴 울음
관음송이 들었네

노산대魯山臺
벼랑 끝 적신
잔물결도 멈추었다.

한양 천리 먼 길
소매 끝에 적신 한을

소롯길은 차라리
오르면 가까웠다

망향탑
쌓아간 내력
막돌인들 쓸어내랴.

정은 살아 숨 쉬어
임 가신지 이백육십구해

영조는 붓을 들어
청령포금표淸羚浦禁標 세웠어도

눈물로
흐르던 서강西江
오늘 울어 돌아드네.

천제연폭포

철지난 동백꽃이 두어 송이 버는 계곡
언제였나 선녀들이 내려와 멱을 감던
서귀포 먼 바다에는 파랑주의보 떠있다.

물살이는 탁한 소沼엔 무태장어 꼬리치고
가물어도 물줄기는 그만한 둘레인데
산 너머 여미지식물원 비스듬히 걸려있다.

두만강가에 서서

강물에 손을 적시니
다름없는 물인데

손끝에 묻어오는
배달족 흔적들이

새색시
귓불 붉히듯 무안하게 당기네.

국경을 잇는 다리
발길을 막아서고

출렁이는 강안江岸에는
누런 빛 둔덕들이

만주벌
도문圖門에 와서 두만강을 안아보네.

빈 가슴 열고서니
말문이 열리누나

저 건너 비탈진 밭에
곡식은 익었는가

푸른 물
굽돌아가는 말 못하는 강심江心이여.

톨레도*에서

스페인 역사의 본향本鄕 입성入城하니 한 낮일레
'성곽으로 둘러싸인 둥근 마을' 톨레도
그 숨결 들어보고자 성벽에 기대서다.

타호강 깊은 계곡 우뚝 선 알카사르 성
기독교 이슬람문명이 어우러진 첨탑하며
사가史家는 그 날의 함성 기록하지 못했다.

16세기 엘 그레코 예술혼이 살아서
그가 그린 '톨레도'는 오늘도 그대론데
고도古都에 잠든 주인 로마인인가 아닌가.

톨레도 대성당**의 웅자雄姿에 고개 숙여
나바스 데 톨로사 전투 그대는 들었는가
묵주는 성호를 그어 승전을 기원했네.

산토토매 교회에 걸린 엘 그레코 걸작품
'오르가스 백작의 매장'이 전시된 방에는
그날 그 천사의 말이 들리는 듯 하여라.

철갑의 기사가 들었다는 모형검을 들어올려
소실점 끝나가는 빌딩 숲을 겨누었더니
중세를 가로지르는 한 줄기빛 새 떼들...

*톨레도 : 스페인의 옛 수도

**대성당 : 3세기 레르난드3세 때에 착공하여 15세기에 완공된 스페인 가톨릭의 총 본산. 카스티야왕국의 알판소8세 군대가 아랍군대를 물리쳤던 나바스데 톨로사 전투의 승전을 기념하여 세운 성당.

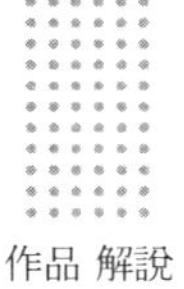

순수한 詩魂과 마음 다스림의 美學

이 광 녕 (문학박사, 시조시인)

김차복 시인의 시는 꾸밈이 없고 진솔하다. 평소 말수가 적고 단아하여 크게 드러내지 않는 시인의 인품이 그대로 그의 글에도 반영되어 있다. 그 동안 많은 습작 과정이 있었음에도 불구하고 이번 시조집 발간도 첫 시집을 발간한 지 16년만의 일이라니 이 점만 보아도 그의 과묵한 성품과 사려 깊음을 짐작할 수 있다. 품성이 그러하듯이, 이 시조집에 실린 글들도 16년 동안의 숙고와 연륜이 농축되어 빚어낸 결정체들이다.

작품의 가치와 품격을 평가할 때 작품이 풍겨주는 표피적 인상만을 기준으로 삼아서는 나무만 보고 그 뿌리나 숲을 보지 못하는 우를 범하게 된다. 작품의 내적 요소들, 특히 작가의 성장과정이나 인생체험으로부터 우러나온 작가의 인생관이나 세계관 등을 구체적으로 살펴야 한다. 그래서 작품론과 작가론은 불가분의 관계에 있는 것이다.

릴케(Rainer Maria Rilke)는 "사랑의 힘은 몸소 사랑을 경험할 때가 아니면 알 수 없다"고 하면서 문학에 있어서의 체험적 요소를 특히 강조하였다. 송나라 구양수(歐陽脩)도 "시궁이후공(詩窮而後工)"이라 하여, 문학의 좋은 성과는 뼈저린 인생체험이 그 밑거름이 된다고 하였다.

김 시인은 이러한 체험적 요소를 풍부히 갖추고 있는 품격 높은 시인이다. 좋은 글은 체험의 진솔한 재구성이다. 그의 글은 요즘 흔히 내로라하며 자처하고 나서는 경박한 문사들의 말장난이거나 가식과는 거리가 먼 순수 영혼의 노래이다. 이 책에 실린 시편들은 하나 같이 지난한 인생 경륜 속에서 축적되고 여과되어 우려낸 성찰과 깨달음의 울림이며, 영혼의 두레박으로 길어 올린 마음 다스림의 미학이다.

1. 소망과 그리움, 그리고 미래 지향

시 창작에 있어서 그리움은 시적 재구성의 원동력이 되는 요소이다. 김 시인의 시 전편을 거슬러 훑어보면 거기엔 틈틈이 흘러 이어져 내려가는 시맥을 발견할 수가 있다. 바로 빛을 바라보는 그리움이다. 그는 우리가 망각하기 쉬운 사물들에서 세미한 음성을 들으며 물아일체의 경지에서 그들과 대화하며 그리움과 소망의 내면세계를 미래지향적으로 노래한다.

내 머물던 텟자리 떠나면서 잊었어
얼어붙은 겨울 강을 거룻배로 건너와서
피어난 꽃잎 사이로 봄날을 펼쳐 보인다.

달빛이 남겨놓은 언약의 말 한마디
눈물을 애써 지우며 성숙을 알았느니
첫 정情을 길어 올리며 오늘을 비워보네.

뻐꾸기 울음소리에 흔들리는 둥지여
돌아서는 네 모습에 연소하는 사랑아
허공 속 기나긴 다리 홀씨되어 건너다.

「민들레 홀씨되어」전문

이 글의 키워드는 '홀씨'이다. 민들레의 특성은 무엇인가? 여기서 말하는 민들레는 온갖 풍상을 다 이겨내며 어떤 척박한 조건에서도 뿌리내리고 기어이 생명의 씨앗을 피워 올리는 끈질긴 존재가 아니던가. 이 글에 숨겨져 있는 아픔은 첫 정을 잃은 이별이다. 작가는 아픈 만큼 성숙한다는 진실을 끌어안고 객관적 상관물에 감정을 이입하여 동일시(Identification)의 감성으로 위로 받고 있다. 소위 심리적 안정기제의 투사기법을 구사하고 있는 것이다.

김 시인의 이러한 표현기법은 눈물을 애써 지우며 스스로(ego)를 껴안고 가면서 던지는 일종의 방어기제(defense mechanism)라고도 볼 수 있으나, 지난한 인생 역경과 슬픔을 딛고 봄날을 펼쳐 보이며 생명력, 즉 홀씨가 되어 부활하려는 자아의결에 찬 모습이기도 하다. 이러한 건전한 소망이미지와 생명력의 희구는 김 시인의 작품 세계 전체를 관류하고 있는 중심 줄기이다.

고만 고만한 능선들이 들길로 내려와서
더러는 주저앉고 가다가는 풀물 들어
한나절 일손을 놓고 둠벙에 뛰어들다.

곡선이 끝나가는 마을 입구 우체통에
부화한 햇살들이 무늬져 빗기면서
사립문 열린 집마다 백일홍을 피웁니다.

「5월에」전문

이 글을 읽으면 시인이 얼마나 자연에 동화되고 몰입될 수 있는가를 연상할 수가 있다. 봄 한철 바쁜 일손들이 움

직이는 농촌의 화사한 모습이 해맑은 그림처럼 펼쳐진다. 그러다가 무언가 좋은 소식이 올 것 같은 우체통에 부화한 햇살들에 무늬지면서 새 소망의 이미지를 펼쳐 보이고, 빼꼼히 사립문 열린 집집마다 백일홍처럼 울긋불긋 풍성한 여름철의 풍성함이 스며들어 소망의 꽃을 피워내고 있다. 참으로 신선하고 해맑은 표현이다.

하나의 글이 그냥 서경 묘사로만 끝나는 수도 있으나, 그럴 경우 내용적으로 부차적인 큰 의미성은 찾아볼 수가 없다. 5월은 신록의 계절이지만 그 어려운 보릿고개를 넘어가는 시기이다. 이 글은 계절에 따른 감각적 정서를 적합한 시어들로 깔끔하게 표출하고 있으면서도 내용적으로 새 희망과 소망의 이미지를 드러내고 있어 참신성과 생명력을 더해주고 있다.

닿을 듯 멀어져 간 / 하오의 해 그림자 //
지는 꽃잎 따라서며 / 봄날에 금을 긋다 //
꽃이여 / 철따라 피어나 / 무궁無窮에 잇대어라.

「꽃이 지며」전문

단수시조의 멋과 맛을 잘 살려낸 글이다. 해마다 어김없이 꽃잎 따라 무정하게 가버리는 봄날에 또다시 금을 그으며 이별을 확인하지만, 지는 꽃잎은 가는 이별이 아니고 새로운 만남의 전조(前兆)이며 생명의 탄생을 의미한다. 이 글에서 서정적 자아는 꽃잎이 떨어져 지는 것과 같은 인생의 쇠락을 생명 탄생의 기점으로 인식하여 승화시킴으로써

무궁에 잇대어져 돌아올 새 희망의 날을 기대하고 있다. 이러한 서정적 자아의 인생관은 마치 한용운의 〈님의 침묵〉과 같은 시상 구도이며, 작품을 통하여 생명력을 희구하면서 미래지향으로 나아가려는 작가의 사상적 배경이 잘 드러나 있는 경우이다.

2. 자아성찰과 達觀의 경지, 그리고 順命意識

전술한 바와 같이, 릴케(Rilke)는 문학 창작에 있어서 글의 체험적 요소를 강조하였다. 시에 있어서 체험은 좋은 글이 되기 위한 밑거름이며 진실한 글이 되기 위한 모티브이기도 하다. 사려 깊고 차분한 성품의 김 시인은 남다른 인생체험과 예지력을 가지고 사물에 대해서 독자적으로 세미한 음성을 가지고 대화한다.

가로수 두 팔 벌려 길을 내고 내를 열어
이 계절 어김없이 풍경들을 갈아 끼워
화들짝 놀라 깨어나 달아나는 저 잎들.

가다가 멈춰 서서 길을 묻는 나그네여
물들어 떨어지는 갈잎 따라 혼자가라
노을빛 차츰 지우며 산마루에 걸려있다.

촛농은 촛농으로 잔명殘命을 일러주고
한지에 베어나는 묵향墨香의 언저리에
샘물이 끓던 주전자 다향茶香을 펴 올리다.

「동짓달 그 하루」전문

훌륭한 시에는 여러 가지 의미 요소들을 갖추고 있다. 교훈을 주는 시, 감동을 주는 시, 흥미를 주는 시, 깨달음을 주는 시 등이 그것이다. 하나의 시에서 이러한 여러 가지

효과를 포괄적으로 다 기대할 수도 있지만, 엄밀히 말해서 작가는 하나의 시를 가지고 이러한 여러 가지 유형적 특색들을 한꺼번에 다 글에다 반영해 낼 수는 없다. 작가는 자기가 의도하는 바, 하나의 초점을 향해 시상을 전개할 뿐이다. 이 글에서 '동짓달'은 무엇을 상징하는가? 일 년 중 가장 밤이 긴 겨울 한 때를 맞이하여 한 해를 마무리 짓고 지난날을 되돌아보는 자기성찰의 계절임을 암시해 주고 있다. 가다가 멈춰 서서 길을 묻는 나그네는 외로이 홀로 가는 시적 자아를 가리키며, 인생 황혼기에 잔명을 의식하고 여생을 보람 있게 살아가고자 하는 품격 높은 구도자의 모습이다. 이 글에서 특별히 눈에 띄는 말들은 '촛농'과 '잔명', '한지'와 '묵향', '샘물'과 '다향'과 같은 시어들이다. '촛농'은 희생적 삶을, '잔명'은 여생을, '한지'와 '묵향', '다향'은 품격 높고 보람 있는 삶을 지향하며 인생의 황혼녘에 원숙한 삶을 추구해 나아가려는 의지를 비유한 시어들이다.

멋진 글을 쓰려면, 소위 '돌려쓰기' 기법을 잘 활용해야 한다. 직설적으로 이야기를 전개하기 거북한 경우에 알레고리(Allegory)기법을 사용하여 소위 '주문이휼간(主文而譎諫)'의 효과를 거두어야 한다. 이 글은 인생의 황혼기에 겪는 원숙한 시인의 정서를 고도의 돌려쓰기 기법으로 표현함으로써 작품의 의도를 잘 살려낸, 자아성찰과 깨달음의 시라고 할 수 있다.

> 압화되어/ 바래어진 / 주름 끝 / 흔들림에 //
> 저만치 / 멈추어 선 / 젖어든 / 생의 자락//

끊어진 / 실금 사이로 / 하강하는 / 하얀 포자(胞子).

「다시 거울 앞에서」전문

거울은 대상의 모습을 있는 그대로 숨김없이 비추어준다. 그런 반면 거울은 어떤 현상에 대한 직관적 유추도 가능케 해준다. 미당(未堂)은 '거울 앞에 선 누님' 을 내세워 그 '누님' 의 메타포가 되는 '국화' 를 연상하게 하지 않았던가?

이 글에서의 '거울' 은 무엇인가? 인생의 황혼기에 시적 자아의 존재의식을 그대로 담아내 비춰주는 하나의 확인 도구이다. 너무나 힘겹고 세상 무게에 짓눌린 인생, 압화되어 주름진 실금 사이로 하염없이 추락해 가고 있는 실존적 자아를 발견하고 작가는 순명적일 수밖에 없는 현실을 안타까워한다. 작가는 실존적 자아의 모습을 심각하게 바라보고 있다. 이러한 작가의 심경은 이 글의 시행 배열에도 잘 나타나 있다. 이 글이 비록 단수시조이지만, 인생 문제가 참으로 심각하고 중후하였기에 이글의 시행 배열도 하나하나 무게 있게 힘주어 말하는 음보별 시행 구조로 창작된 점은 이를 단적으로 말해 주고 있다.

지난 날 푸르렀던 / 그 시절은 잊는 거야 //
보내고 맞는 날이 / 까마득 멀어져 가 //
바람 찬 / 저물녘이면 / 나이테를 그어본다.

낮게 날던 박새가 / 잠시 머문 가지 끝에 //
눈 뜨던 겨울눈이 / 반 쯤 팔을 벌리며 //

이 겨울 / 인연의 끈에 / 매달린 연을 잡다.

「겨울나무」전문

이 글은 인연의 끈에 매달려 살아가고 있는 인생을 되돌아보며 회고하는 성찰적 태도가 잘 드러나 있다. 김 시인의 글에서는 실존의 문제들을 많이 다루고 있다. 인생의 문제를 겸손하면서도 진솔한 자세로 비유기법으로 환치시켜 표출하고 있다. 수유(須臾)와 같은 인생, 인생의 나이테를 그어보면서 또다시 한 해는 흘러가고 나뭇가지에 잠시 머물다 가는 박새처럼 서정적 자아는 인연의 끈에 매달려 살아가는 자신을 발견한다.

작가의 심연에서 흘러나오는 시상들은 체험적 진실이 그 생존법칙이다. 전철을 밟아온 삶의 무게에 따라 그 시적 표현들의 무게도 달라진다. 따라서 작가들은 대상 즉 제재에 체험적 시혼을 불어넣고 독자들의 공감을 기대한다. 단, 여기서 현실적 체험들의 결과물인 시적 표현이 공감을 얻으려면 객관성과 보편타당성을 획득하여야 한다. 말장난뿐인 시어의 나열들은 진실성이 결여되어 독자들에겐 휠링(feeling)의 맥이 끊어져 외면 받게 된다. 그러나 김 시인의 시에서는 이러한 진솔한 인생체험이 적절한 시어와 시상으로 표출되면서 성찰과 순명의식으로 드러나 있어 읽는 이의 가슴을 울려 준다.

땀 흘린 사람에게는 나이가 없다
어릴 적 비춰본 이발소 체경體鏡에는

저 뒤로
순서가 밀린 더벅머리 소년이 있다.

아직도 풀지 못한 삼각함수 있었나
나이는 묵힐수록 발효醱酵되지 않는 것
새치는
먼 순항 길에 열병閱兵하듯 일어서다.

「나이에 대하여」전문

이 글에는 인생 역정을 지나쳐온 작가의 실존적 현실이 겸손하게 나타나 있다. 땀 흘린 사람에게는 나이가 없다는 표현은 무엇이며, 또한 나이는 묵힐수록 발효되지 않는다는 표현은 무엇인가? 어찌 보면 역설적이기도 한 이러한 표현 속에는 시적 자아의 삶의 궤적이 매우 힘겨웠고, 평소 자신의 부족함을 알고 겸손을 실천하고자 하는 작가의 인품이 잘 드러난 경우라고 볼 수 있다. 삶의 수렁에서 허우적거리며 허겁지겁 살다보면 어느 틈엔가 주름살이 끼이고 나이든 줄도 모른다. 어릴 적 이발소의 체경에 비춰져 있던 소년시절의 모습이 엊그제 같다. 보통 사람들이 나이 들면 스스로 인생이 농익어서 발효되어 달관한 듯 자처하지만, 김 시인의 인생관은 그들과는 다르다. 나이 든 체 하지도 않고, 아직 풀지 못한 삼각함수처럼 미결된 인생문제도 많고 이렇다 할 이루어 놓은 족적도 없기에 삐죽삐죽 솟아나오는 새치 머리칼을 보고서 그저 안타까워하고 있는 것이다.

어린 아이 심정으로 돌아가지 않으면 감동을 주는 좋은

글을 쓸 수 없다. 이 글에는 나이 어린 더벅머리 소년으로 돌아가 겸손하게 삶의 궤적을 반추해 보고 있다. 문학의 보편적 가치를 평가할 때 품성에 따른 작가의 인생관과 세계관을 외면할 수 없다. 이 글에 나타난 '겸손과 순수'는 순명 적이며 천부적인 감성에서 우러나온 김 시인의 대표적 이미지일 것이다.

비가와도 가물어도 물꼬를 내지 않고
비바람 햇빛만으로 올벼가 익어가는
그 순종順從 들풀로 뻗어 산 그리메 그리다.

「천수답」전문

이 글을 읽으면 노자의 '무위자연(無爲自然)'을 떠올리게 된다. 노자는 인간사회의 혼란이 무위가 아닌 인위적 요소들의 실행에 있음을 지적하고 자연의 흐름에 순응하고 거슬리지 않는 무위적 삶의 가치관을 강조하였다. 맹자(孟子)도 '순천자흥 역천자망(順天者興 逆天者亡)'이라 말하면서 하늘의 이치에 순응하며 살아가는 인생이야말로 승리하는 삶을 살아갈 수 있다고 피력하였다.

이 글은 비록 단시조이지만, 이러한 작가의 인생관 · 자연관이 잘 표현된 글이다. 이 글에서 유심히 눈여겨보아야 할 곳은 종장이다. 이 글의 종장에서 작가는 질퍽한 '논'의 개념과는 다소 동떨어진 시어 '산'을 차용했는데, 여기서 '산'은 하나의 산만을 지칭하는 것이 아니고 자연을 대표하는 대유적 표현기교로 쓰인 것으로 분석된다. 따라서 '산 그리메 그리다' 라는 표현은 산문(山門)에 들어 자연에 순응하면서 산 그림자 같은 삶을 추구하고자 하는 작가의 순경적 인생관을 드러낸 시구이다.

이 밖에도 〈오후 한 때〉, 〈검버섯〉, 〈계단을 오르며〉, 〈추분 무렵〉, 〈하지 날〉 등에도 자아성찰이나 달관의 경지, 그리고 순명의식 등에 관한 내용들이 잘 나타나 있다.

3. 사물에 대한 관조와 물아일체

글을 구성할 때에는 묘사와 진술이 균형과 조화를 이루어야 한다. 흔히 하나의 사물을 놓고 그것을 소재로 시를 쓸 경우, 묘사적 표현기교에만 치우쳐 교훈성과 같은 내용적 가치를 소홀히 다루기 쉽다. 그렇게 될 경우 작품세계의 진솔함보다는 기교에만 치우쳐 현학적(衒學的)이며 말장난이라는 혹평을 받기 쉽다. 바람직한 글에는 표현상의 예술적 가치와 내용상의 의미적 가치가 공유 · 내포되어 있어서 독자들에게 깊은 감명을 준다. 즉 표현 기교와 내용적 의미가 공존하며 조화를 이루어야 한다는 말이다. 김 시인은 이러한 창작상의 문제를 소재물로 제시된 대상과의 '교감(交感)' 이라는 접근법을 이용하여 잘 극복해 내고 있다.

잎새는 물이 들어
저 갈 데로 날아갔고

키 작은 바람이 와
술래잡기 하자는데

적막을
흔드는 가지
겨울눈을 떠 보라.

「나목裸木에게」전문

이 글을 읽으면 겨울 앙상한 겨울 나목과 시인이 서로 만나 대화하면서 교감을 나누는 모습을 금방 연상할 수 있다. 하나의 소재로 택해진 사물을 글로 나타내려 할 때 대상과 작가와의 교감적 관계가 형성되지 아니하고선 좋은 글을 쓸 수 없다. 이때 객관적 상관물로 제시된 사물에 대한 특성이나 속성을 잘 파악하고 창작에 임해야 한다. 그래서 표현기법으로는 의인법에 의한 비유가 많이 등장하게 된다.

가을철 울긋불긋한 잎새들은 다 저 갈 데로 가고 적막 속의 앙상한 나목의 겨울눈이 떠지기만을 고대하고 있다. 이 글이 던져주는 암유적 메시지는 '정중동(靜中動)', 즉 고요 속의 생명감 추구이다. 글이 길어서만 좋은 것은 아니다. 시조의 맛과 멋이 압축과 간결에 있다면 이 단시조는 그러한 시조만의 특성을 잘 이용하여 부활의지를 살려낸 좋은 글이다.

먹물로 그어 올린 대나무 마디마디
부챗살 사이마다 잎으로 솟아나서
흔들면 대숲 바람이 이마부터 지난다.

해질녘 툇마루에 햇살이 비켜서서
부채끝 쫙 펴면 저 하늘 가린다며
내 생각 반으로 접어 바람으로 날린다.

「부채를 펼쳐들고」 전문

이 글은 작품 내 쓰여진 소재들이 1연과 2연에서 서로 충돌하는 교묘한 대칭을 이루면서 차원 높은 시상의 종결을

유도하고 있다. 제1연에서 부채에서 불어나오는 대숲바람을 만끽하다가 제2연에서는 햇살을 들어 부챗살이 하늘을 가리니 쫙 펴지 못하도록 제동을 거는 것이다. 이 글에서 부챗살과 햇살은 무엇을 암시하는가? 햇살과 하늘은 부챗살을 펴들고 대숲바람을 즐기며 만용에 빠진 자아를 경계하며 정명한 세계로 인도하려는 의도적 소재이다. 이러한 시상 구도는 공유와 공존, 그리고 상생을 의식하며 스스로의 만용에 제동을 걸려는 작가의 독특한 인생철학에서 우러나온 발상이리라. 그리하여 종장에서는 내 생각을 반으로 접어 참빛을 따라 스스로를 낮춤으로서 안분지족(安分知足)의 도를 지향하려 한다. 이러한 자기 제어와 겸손철학의 주제의식은 작품 전반에 걸친 김 시인의 화두로서 독자들에게 많은 감동을 준다.

온 몸이 본시 검어 가리는 게 없더니
그날 받은 멸시가 뻴이 되어 굳어 갔다
아무나 발을 넣으면 가자는 데 갔었지.

타고난 천한 신분 누구 탓도 아니어서
엎드려 아뢰기를 불러만 달랬더니
오늘은 민속박물관 진열장에 좌정坐定하다.

「검정 고무신」전문

김 시인의 처세관은 위세보다는 겸허를, 윗자리보다는 아랫자리를 택한다. 이 글에서도 의인화된 검정고무신은 서

민적 이미지의 표상이다. 고도의 산업화와 물질주의가 팽배한 현실 세계에서 구시대의 유물인 검정고무신은 설 자리를 잃었다. 아무도 이용해 주지 않는 애물단지로 전락하여 버림받은 존재가 되어버렸다. 그러나 하나의 사물은 보는 이의 관점과 가치관에 따라서 엄청난 존재가치의 차이가 생긴다.

김춘수(金春洙) 시인이 말하였듯이, 하나의 꽃은 꽃이라 이름 불러줄 때 비로소 진정한 꽃이 되는 것이다. 시인은 하나의 사물에 이름표를 붙여주는 존재이다. 그리고 하나의 사물은 자기 몸에 이름표를 붙임으로서 생명력을 얻으며 존재가치와 의미성을 부여 받는다.

이 글에서 작가는 검정고무신을 새로운 시각으로 관조하고 있다. '가난한 시절의 추억어린 애환이 깃든 소중함과 희소가치' 라는 인식은 그것을 상종가로 끌어올린다. 이러한 관점으로 김 시인은 검정고무신을 구시대의 유물로서 버려진 존재, 잊혀진 존재, 천한 존재에서 '민속박물관에 좌정' 한 귀한 존재로 격상하여 생명력을 부여해 주고 있다.

목련은 하오를 / 기다리지 않았다 //
목에 건 스카프를 / 하늘 닿게 밀어 올려 //
박혀진 옹이들마저 / 눈을 뜨고 일어났다.

지나는 이승의 / 업보業報를 헤아리며 //
깊어진 갈증으로 / 손 끝마다 시름인데 //
흰 꽃잎 고운 이름이 / 뽀얗게 피어난다.

「흰 꽃잎」전문

논어 팔일(八佾) 편에, '회사후소(繪事後素)' 란 말이 있다. 내면의 순수 밑바탕이 먼저 갖추어져 있어야 그림을 그릴 수 있다는 말이다. 김 시인은 세속의 때가 묻지 않은 순수 바탕의 소유자이다.

이 글에서 '흰 꽃잎' 은 무엇을 의미하는가? 제1수에서 제시된 목련을 의미하기도 하겠지만, 작가가 늘 희구하며 지향하고 있는, 세속의 때가 묻지 않은 순결과 순수의 시적 자아를 의미하기도 한다. 한 많고 험한 세상, 둘러보면 모두가 다 시름뿐인데 시인의 업보를 풀어주고 마음을 깨끗이 정화시켜 줄 순수한 안식처가 어디 만만히 있을 법한가. 그래도 그냥 아침을 좋아하는 목련과 같이 그런 순정한 대상을 찾아 바라보며 감정을 이입하여 마음을 달랠 뿐이다. 이 시조에는 목련꽃과 같이 순결하고 우아한 인생을 살아가고자 하는 작가의 소망과 의지가 뽀얗게 피어나고 있다.

원래는 아니었다
이렇게 둥근 아구

튀는 허리 배불뚝이
불쑥 내민 주둥아리

뚫린 입 제멋이라고
이렇게도 열어놨나.

콧등에 내려앉은
실낱같은 잠자리가

힘겹게 날갯짓하며
부끄러운 그 뱃심을

하늘로 끌어올리며
땀을 씻고 있구나.

「항아리 곁에서」전문

이 글은 병치은유(竝置隱喩)의 모습을 띤 독특한 형태로 구성되어 있다. 휠 라이트(Philip Wheelwright)는 시에서 은유의 진수는 의미의 옮겨놓기가 아니라 병치(마주 놓기)의 관계에서만 보다 철저히 밝혀질 수 있다고 하였다. 은유 기법의 형태에는 치환은유(置換隱喩,epiphor)와 병치은유(竝置隱喩,diaphor)가 있는데, 치환은유가 말하고자 하는 두 사물 간의 유사성에 의해 유추되는 일반적 은유기법인데 비해, 병치은유는 서로 특성이 대조되는 두 사물을 병치시킴으로써 신선한 긴장감을 조성하고 새롭고 독특한 의미를 창조해 내는 은유기법이다. 이 글에서의 '항아리'와 '잠자리'는 서로 대조적 이미지를 던져주고 있다.

여기서 '항아리'와 '잠자리'는 병치은유의 성격을 띠고 있다. 항아리는 사람에 의해 만들어진 기물로서 배부르고 뭉뚝한 허리에 튀어나온 주둥이를 가지고 있다. 특히 몸집에 비해 크고도 둥근 아구는 항아리가 욕심 많고 말 많은 존재라는 것을 은근히 암시해 주고 있다. 반면에 잠자리는 아구가 큰 항아리에 비해 대조적으로 작고도 욕심이 없고 자연의 순리에 종속된 미물로서의 순수 존재를 암유한다.

아마도 이 글에서의 잠자리는 아구 큰 세상을 바라보는 시적 자아의 모습이기도 할 것이다. 덩치 큰 항아리와 대치하고 있는 미물의 잠자리가 어찌 상대방에 대적할 만한 존재가 될 수 있단 말인가? 그러나 입 벌린 항아리의 콧등에 내려앉은 잠자리는 욕심 많고 말도 많은 세상을 비웃기라도 하듯, 부끄러운 그 뱃심을 천심으로 이끌려고 땀 흘리며 날갯짓을 하고 있다.

이 글은 정경묘사가 뛰어나고 독특하며, 병치은유의 기법을 도입하여 시상을 전개하여 독자들에게 신선한 감각을 제공해 준다.

4. 향토정신과 회귀 의식

인간은 동물과 마찬가지로 회귀본능(回歸本能)을 지니고 있다. 동물의 회귀 성향이 그들의 서식 장소나 산란장소를 중심으로 이루어진 귀소본능(歸巢本能, homing instinct) 쪽에 있다 하면, 인간은 태어난 고향은 물론 모성, 연고지나 장기 체류지 등 사랑과 인정의 체험 장소를 중심으로 회귀 성향이 이루어진다.

종점이 가까워서 서 있어도 그저 좋은
명일원明逸院 마구간이 여기쯤 된다던가
마패를 꺼내 들고서 집표기를 때린다.

불 꺼진 양로원에 문이 닫힐 즈음이면
공항을 떠난 전철 막차로 달려와서
잊혀진 선사유적지 부싯돌을 긋는다.

「명일역 부근」전문

*명일역 : 서울도시철도 5호선(방화-상일)에 있는 역, 고려 성종11년 (994년) 공무로 출장 중인 관리의 숙박소인 명일원明逸院을 둔 데서 유래함

인간의 회귀 본능은 애향심과 관련이 깊다. 김 시인의 고향은 멀리 남도지역이나, 서울 명일동에서 오랫동안 정을 붙여 살면서 제2의 고향으로 각인되고 있다. 명일동은 서울의 동쪽 끝자락에 있지만, 그 옛날 지방 나들이 벼슬아치들

의 숙박 장소로 이름났던 곳이고, 인근에 유서 깊은 선사유적지가 있어 배달민족인 우리에겐 역사상 시원(始原)의 명소이다. 김 시인은 지하철을 타고 다니면서 어디서든지 돌아올 때에는, 말을 타고 다니며 들렀던 옛 선비들의 정취를 되새기고 태곳적 시원의 품으로 되돌아오듯 부싯돌을 그어 선사유적의 조상 숨소리에 젖곤 한다.

이 글은 해 뜨는 강동의 애향심을 잘 살려내고 있다. 이 글에서 가장 유심히 보아야 할 곳은 제2수의 종장이다. 여기서 시어 '부싯돌'의 시적 의미는 무엇인가? 꺼져버린 역사에 새로이 불씨를 살려내는 새 생명 탄생의 상징이 아니던가. 작가는 잊혀진 선사유적지에 부싯돌을 그음으로써 새로운 역사의 부활을 꿈꾸고 있는 것이다.

강물에 손을 적시니
다름없는 물인데

손끝에 묻어오는
배달족 흔적들이

새색시
귓불 붉히듯 무안하게 당기네.

국경을 잇는 다리
발길을 막아서고

출렁이는 강안江岸에는
누런 빛 둔덕들이
만주벌
도문圖們에 와서 두만강을 안아보네.

빈 가슴 열고 서니
말문이 열리누나

저 건너 비탈진 밭에
곡식은 익었는가

푸른 물
굽돌아 가는 말 못하는 강심江心이여.

「두만강가에 서서」전문

이 글은 두만 강가에서 북한 쪽을 바라보며 민족분단의 아픔을 진솔하게 표현해 낸 글이다. 강(江)의 이미지는 언제나 끊어지지 않고 유유히 흘러가는 역사이다. 그러나 단절의 비극을 안고 있는 강심(江心)은 속으로는 한 많은 사연을 품고 있으면서도 겉으로는 무심하게도 애타는 순례자의 가슴을 외면하고 있다. 작가는 이심전심의 강심이 푸른 물을 굽돌아 언제나 회심의 그 땅에 닿으려나 하고 서원하고 있다. 다리가 있어도 건너가지 못하는 안타까움 속에서 순례자는 민족의 처연한 현실 앞에 한탄곡을 노래하고 있는 것이다.

기행시의 특징은 보고 들은 것, 즉 견문을 감상과 함께 써 나간다는 사실이다. 시적 체험을 재구성할 때 특히 기행시에서는 객관성과 주관성이 균형 있게 유지되어야 한다. 이 글에서는 민족 분단의 서글픈 현실이라는 객관성과 현장에서 느낀 주관적 감상이 조화를 이루어 읽는 이의 마음에 감동을 준다.

음폭陰瀑으로 그린 비경 속계俗界인가 선계仙界인가
무지갯빛 물보라에 여심의 기운 서려
팔 벌려
안아 본 탄성 소沼에 고여 더 푸르다.

난계선생 피리소리 한 오백년 내려와서
끊길 듯 이어지는 비단 폭에 휘감기니
저절로
신선이 되어 그 비경에 잠기더라.

「옥계폭포玉溪瀑布*에서」전문

*옥계폭포 : 양폭陽瀑이 아닌 음폭陰瀑으로서 충북영동에 있는 폭포

이 글은 옥계폭포(玉溪瀑布)를 관람하고 나서 쓴 기행시조이다. 옥계폭포는 충청지역 폭포 중 가장 아름다운 장관을 연출하고 있는 여성 상징의 음폭형(陰瀑形) 폭포이다. 이 글에서도 시인의 감성은 물아일체의 경지를 읊어내고

있다. 음폭 전설의 신비로운 자연 비경 속에 난계(蘭溪) 박연(朴淵)의 음률까지 가미해 조화를 이룬 이 정경에 취해 작가는 무아의 경지에서 탄성을 금치 못하고 있는 것이다.

이어령(李御寧)은 그의 수필을 통하여 동서양 문화의 차이를 '폭포'와 '분수'에 비유한 바 있다. 동양문화는 자연의 질서를 거스르지 않는 '폭포문화'이고, 서양문화는 자연의 질서보다는 인간의 인위적 가치를 중시하는 '분수문화'라는 것이다. 이 논리는 참으로 적절한 비유라고 생각된다. 옥계폭포에 가면 한 폭의 동양화에 취하는 듯 이러한 동양적 자연관에 몰입하게 되는데, 김 시인은 이 글을 통하여 인간을 자연의 일부로 보고, 노자의 도덕경에 나오는 '무위자연'과 같은 동양적 자연관을 초월자의 자세로 노래하고 있다.

시는 새 발견이며 새로움의 예술이다. 시인은 '나무 그늘의 뼈'까지도 발견해 낼 수 있는 투시력과 안목을 가져야 한다. '돌에서 피를 뽑아낸다'는 김수영(金洙暎)의 말과 같이 척박한 땅에서도 새 생명의 원형질을 추출해 낼 때, 작품의 미적 가치는 한층 높아질 수 있다.

이 시조집은 김차복 시인의 고결한 성품과 농축된 체험이 넘쳐흐르는 그윽한 문향의 자취이다. 김 시인은 성품이 순수하고 조용하며 지극히 겸허한 스타일이다. 그러기에 그의 시에는 지나침이 없고 사려 깊으며 샘물처럼 맑고 가슴에는 늘 시심의 불이 켜져 있다. 이러한 순수한 시심과 다스림의 미학이 이 시집의 얼굴이다. 이 한권의 시집이 어둡고 음울

한 현실을 밝게 비춰주고, 독자들의 심금을 울리는 맑은 영혼의 울림이 되어 온 누리에 퍼져 나가기를 기대한다.